Género Cuento folclórico

Pregunta esencial
¿Qué pueden hacer los animales con su cuerpo?

I0794918

La trompa del elefante

Versión de María Nieves
Ilustrado por Laura González

LECTURA COMPLEMENTARIA

Antes, los elefantes no tenían trompa. Tenían una nariz pequeñita.

Había un elefantito curioso. Aunque era pequeño, siempre quería saber cosas.

Un día, quiso saber: ¿qué comen los cocodrilos?

—Mami, ¿qué comen
los cocodrilos? ¡Dime!

—¡Oh! ¡Yo no sé!

—Conejo, ¿qué comen los cocodrilos? ¡Dime!

—¡Oh! ¡Yo no sé! Los cocodrilos viven allí atrás, en el pantano —le respondió y se fue saltando, orgulloso.

El elefantito preguntó a todos los animales que vio. Pero ninguno supo responderle.

Entonces, tuvo una idea.
Decidió preguntarle...
¡al cocodrilo!

Fue hasta el pantano.
¡Ahí estaba el cocodrilo!

—¡Cocodrilo! ¿Se puede saber qué te gusta comer?

El cocodrilo se acercó. Le dijo:

—Claro que sí. Mira. Acércate. Te muestro.

El elefantito se acercó... ¡Y el cocodrilo le mordió la nariz! Llegó su mamá y tiró de él. El elefantito y su mamá tiraron tan fuerte que la nariz se le estiró. ¡Y así nació la formidable trompa del elefante!

Respuesta a la lectura

Volver a contar

Vuelve a contar el cuento, en orden, con tus propias palabras.

Primero
↓
Después
↓
Luego
↓
Al final

Evidencia en el texto

1. ¿Qué sucede cuando la mamá del elefantito no le contesta la pregunta? **Orden de los sucesos**

2. ¿Qué sucede después de que el elefantito acerca la oreja para escuchar al cocodrilo?

   Orden de los sucesos

3. ¿Cómo sabes que *La trompa del elefante* es un cuento folclórico?

   Género

Género No ficción

Compara los textos

Lee más sobre animales.

Aves de la noche

(tl) Seth K. Hughes/Image Source (tr) NHPA/SuperStock
(b) Steve & Ann Toon/ Robert Harding/Getty Images

Búho

Mochuelo

Lechuza

Los búhos, los mochuelos y las lechuzas salen a cazar de noche. Tienen ojos especiales. También tienen muy buen oído. Lee la tabla para aprender más.

Cómo son
Tienen pico corto y curvo.
Sus ojos les permiten ver de noche.
Su oído es muy fino.
Sus plumas son acolchadas.

© W. Perry Conway/Corbis/Getty Images

Qué hacen
Comen insectos y animales pequeños.
Salen a cazar de noche.
Escuchan desde lejos.
No hacen ruido al volar.

Haz conexiones

Mira los dos textos. ¿Qué aprendiste sobre las características de los animales?

El texto y otros textos

Enfoque:
Género

Cuento folclórico Un cuento folclórico es una historia basada en costumbres y tradiciones. A menudo tiene una moraleja.

Lee y descubre En *La trompa del elefante* se cuenta la razón por la que el elefante tiene la nariz larga. Los animales hablan entre ellos y eso no es posible en la realidad.

Tu turno

Haz un dibujo para ilustrar el momento en que el elefante se escapa del cocodrilo con la ayuda de su mamá.